自己啓発って
言いたくないけど、
でも誰かを
啓発する言葉

了戒翔太
SHOTA RYOKAI

はじめに

僕は、複数の肩書きを持つ「スラッシャー」だ。

年商1億を含める二つの会社の経営者であり、100万部以上の本をセールスした出版販促プロデューサー。

一般社団法人の理事も務め、自らCDを発売し、ライブを行うミュージシャンであり、アーティストのプロデューサーでもある。

更にセミナーを企画して講師を務め、1000人規模のイベントも開催。

eーラーニング事業やグッズの開発・販売も手がけるクリエイティブ・プロデューサーの肩書きも持つ。

今年からYouTuberとしても活動を始め、映画に出演も決まり、国家機関の地域起こしプロジェクトにも参加している。

いきなりズラッと、僕の活動を並べたてたが、自慢したいわけではない。

複数の仕事を同時に行うスラッシャーという肩書きについて、知ってほしかったからだ。

業界では、「今もっとも勢いある若手経営者」「何でもこなせる器用な人」と言われることもあるが、「かっこつけてる」「何屋かわからない」「器用貧乏」と揶揄《やゆ》されていることも知っている。

しかし、何と言われてもいい。

何より自分の「好き」を軸に、やりたいことをやりたい時に、やりたいようにやり、周囲の役に立てている「今」が気に入っている。

でも、ほんとうの僕は臆病で気が弱い。

小学生の頃は、授業中に指名されると顔が真っ赤になり、どもってうまく答えられなかった。

人と同じことをするのが苦手で、先生に目をつけられて廊下によく立たされた。何が原因で立たされていたのかあまり覚えていないが、劣等生扱いされた屈辱感は今でも忘れない。

家では、本音が言えない子供らしくない子供だった。「いい子」でいなければという思いが常にあった。

中学生時代に親が離婚し、高校一年で定時制高校に転校。昼間は寿司屋で、夜はクリーニング店で働いて家計を支えた。いつも虚無感を抱え、世間を憎んでもいた。

アパレル販売員を経て、結婚と同時に車の販売員を始めたのは、十数年前だ。入社当初は車がまったく売れず、「給料泥棒」とののしられた。数百万の借金もあり、不遇を人のせいにして、荒れていた。

5年前までは話すことが苦手で、スピーチ原稿がないと人前ではしゃべれなかった。

ヘッドハンティングされたウェブマーケティング会社で、初めてセミナーの司会を任された時は、頭が真っ白になってしどろもどろになり、ひんしゅくを買った。
心はいつも騒がしく、人のことばかり気にしていた。

そんな僕が、自分の「好き」を貫いて生きられるようになったのは、「言葉」があったからだ。

好きな音楽や本、出会った人たちから、これまでたくさんの言葉をもらってきた。
それらの大切な言葉があったから、今がある。
叶わないことは何もないと思えるくらい、日常生活を謳歌できている。

言葉に助けられたから、今度は、僕の言葉を誰かに届けたいと思った。
大好きな「本」という形にして。

会社も僕自身も、まだまだ未熟だし、発展途上だ。

世間から見れば、駆け出しの「若造」に過ぎないだろう。

でもほんの数年前まで、「何者か」になろうとして必死だった。だからこそ、わかることがある。伝えられる思いがある。

そして、「伝えたい」という気持ちは、誰にも負けない。


つまずきながら、怯《おび》えながら、それでも前に進もうとしている昔の僕のような、あなたにこの本を贈る。

エバーグリーン・パブリッシング株式会社代表／スラッシャー　了戒翔太

目次

好
SUKI

CHAPTER 01

自分の好きなことを追い求めると
自分に隠されていたパワーに驚く
自分は可能性の塊だということに

小・中・高校時代は、東京の端《はし》の片田舎T市にある古い団地に住んでいた。団地は、ドアも間取りもほぼ一緒。上下左右に同じ部屋が密集し、至近距離に他人が住んでいる不思議な空間だった。駐輪場に自転車を置いていたら何度も盗まれたし、原付バイクの鍵を壊され、そのまま傷つけられて、近くの公園に捨てられていたこともあった。壁にはラクガキがあり、階段には、吐き捨てられたガムが固まってこびりついていた。団地には、ヤンキーの先輩も多かった。深夜に呼び出されては、くだらない遊びに付き合わされた。自分がどれだけ強いか、どれだけ根性があるか。そんなどうでもいいプライドをかけて、友達同士で競い合っていた中2の頃、いつもつるんでいた仲良しグループで、ある気の優しい友人を仲間はずれにして、いじめが始まった。リーダー格の奴が、彼に言った。「この中で、誰かひとり選んでタイマンを張れ！」彼はもちろん、誰ともケンカなんてしたくなかった。でも、逃げられない雰囲気を全員が作る。5、6人いたグループの中から、彼は、ケンカの相手として「僕」を指名した。当時、空手をやっていて腕っぷしに自信があった僕は、こう考えた。「まさか、俺が一番弱そうだから選ばれたのか？」「もしかして、俺は舐《な》められているのか!?」プライドを踏みにじられた気がして、頭が怒りでいっぱいになった。そして、自分がどれだけ強いかを周りに知らしめたいと思った。他人の評価を気にしすぎて、自分のプライドを優先したのだ。冷静さを失った僕は、彼に大きな怪我をさせてしまった。すぐ学校で問題になり、警察沙汰にもなった。もちろん、両親にこっぴどく叱られた。この時、母から言われた言葉を聞いて、僕は涙を流した。**「なんで、あの子が翔太を選んだかわかる？**『了戒なら、このバカげた状況から救ってくれるんじゃないか。助けてくれるんじゃないか』。そんな期待を込めて、あなたを指名したんじゃないかな」僕たちは小学校も同じで、ふだんから仲が良かった。彼は、僕に助けを求めていたのだ。そんな単純なことに、あの瞬間は気づけなかった。僕は、取り返しのつかない大変なことをしたと後悔した。自分を頼ってくれていた大切な友人を、くだらないプライドのせいで傷つけてしまったと。彼の怪我は数カ月で治ったけれど、彼との間にできた溝の修復には、時間がかかった。あの時ほど、自分がふがいないと、みじめに感じたことはない。もう絶対に人を傷つけたくない。**くだらないプライドはさっさと捨てよう。**中学２年の秋、僕は誓った。人や環境に流されるのは、もうやめよう。人や環境のせいにするのも、もうやめよう。そして、決めた。自分の心が導くものに素直になる、と。外のノイズをかき消せ。自分の心音を聴け。流されない自分を作るんだ。

「好き」に自信を持つ

「これが好き」「なんだかいい」
そんな感覚に自信を持つことが大切だ。
「人気だから」「みんなが好きって言っているし」は、他人の意見。
「自分」はどうなのか。
それを、突き詰めること。
たとえば、それがアートや音楽だったら、
他の人からは評価されていなくても

少なくとも、作者や表現者とは、
同じ「好き」を共有できている。
作品を通じて、コミュニケーションがとれている。

だから、ひとりではない。
誰かとつながっている。

自分の感覚を信じ抜く。
それが、己《おのれ》の感性を磨く唯一の方法だ。

僕たちは、
「好き」を見つけるために
生まれてきた。

すべては無駄にならない

臆病な反面、気性が荒かった。
感情がすぐ顔に出る、好き嫌いが激しい。
上司に罵声《ばせい》を浴びせ、周囲から諫《いさ》められたこともある。

人とぶつかって、失敗して、傷ついて、
鼻っ柱が強いだけの、かっこ悪い自分がいて、
笑われたり、叱られたり、無視されたりした。

その時、心の中で動いた感情が、
全部、自分の血と肉になり、経験値になった。

感情の揺れ幅が大きければ大きいほど、
「嫌い」があぶり出され、「好き」が洗い出された。

すべては無駄にならない。
だから、失敗していい。嫌われてもいい。
心を動かせ。

好きだからこそ

「好き」のパワーは、マジでハンパない。
人を本当に動かす原動力は、それしかないと思う。

「好き」じゃないと続かないし、
「好き」じゃないと
ユニークなアイデアや戦略は生まれない。

でも、「好きだからこそ」自分なりにこだわりたい。
「好きだからこそ」判断基準は厳しい。
「好きだからこそ」その範囲は狭い。

数少ない「好き」を、とことん大事にしたいから。

違和感を見過ごすな

好きを極めるとは、
自分が違和感を感じるものを断ち切ることだと思う。

「あれ⁉　何か違う」
「なんだか嫌だな」
を絶対に無視しない。
少しでも違和感を感じたら、やめる。

中途半端が嫌いで、白黒はっきりつけたい僕は、
そうやって、角を立てまくりながら生きてきた。

どんなに小さな違和感だったとしても、
そのまま進んだら、自分も疲弊するし、
いい結果を生まないからだ。

それで、周囲に波風を立ててしまったこともある。
でも、違和感にフタをして進めば、
それはさらに肥大化して、後で大問題が起きたりする。

「角が立つから、自分が我慢すればいいや」
「これくらいは仕方ないか」
そう思う気持ちは、わかる。

でも、もし少しでも違和感があるのなら、
しっかり向き合って決着をつけた方が、
絶対にうまくいく。

万が一、思った結果が出なかったとしてもいい。
そこに後悔は生まれないはずだから。

自分が自分であることを誇ろう。
信じているものがあなたを縛り、
苦しめるものならいっそ手放せばいい。

「嫌い」に囲まれていてもいい理由

今の僕は、「楽しい」「好き」に敏感だ。
好きだと思えるものは、出合った瞬間にわかる。
それは、嫌なものや不快な気持ちを、
今までたっぷり味わってきたからだ。

ずっと、嫌いなことをしてきた。
高校時代のバイトも、服の販売や営業の仕事も、
好きでやっていたわけではない。

仕事はいつも、「好きなこと」ではなく、
生活のための「手段」だった

だから、わかった。自分の「好き」が。

たとえ今あなたが
「嫌い」や「嫌だ」に囲まれていても嘆くことはない。
それは、「好き」や「楽しい」を
見つけるためのプロセスだからだ。

宣言

認められるか、儲かるか、賞賛されるかではなく、
自分が「したいか、したくないか」。
その軸だけで判断する。

自らが情熱を注げる「好きなこと」しかしない。
そして、人生を謳歌する。

僕は、そう決めている。
同じ志を持つ人たちに、この背中を魅《み》てもらうために。

好きなことがわからないのは、心を動かさないからだ

自分の枠が小さいから、「好き」や「嫌い」もわからないんだ。
感動しよう。心の可動域を広げよう。
「好き」や「嫌い」を感じよう。
心の振り子が大きく振れれば振れるほど、
自分の枠が広がっていく。
「嫌い」という気持ちがわかるから、初めて「好き」という感情がわかる。

「楽しくない状態」をとことん味わったことがあるから、
「楽しい」という感覚をものすごく味わえる。

「つまらない日」を過ごしたことがあるから、
「楽しい」日々を感じられる。

「不幸せ」を感じたことがあるから、「幸せ」を感じられる。

「嫌い」「つまらない日」「不幸せ」を感じたのは
「好き」「楽しい」「幸せ」を感じるための下準備に過ぎない。
そう、ただの「前フリ」だ。

いろんな経験をして、
いろんな気持ちになったからこそ、
「好き」や「やりたいこと」を選べるのだ。

光＝好きなところや良いところ。

影＝嫌いなところや悪いところ。

すべてひっくるめて、抱きしめる。

それって、愛以外の何ものでもない。

大人だからこそ、「好き」がわかる

子供の頃に好きだったことは何ですか？

「好き」を探している人に、よく問う言葉だ。
過去は、大事な手がかりになる。
振り返れば、必ず「好き」が埋まっている。

でも……過去の経験の中に、
万が一「好き」が見つけられなかったとしても、
落ち込むのはまだ早い。

子供時代に、できることは少ない。
ひとりで旅することも、
お酒を飲むことも、タバコを吸うことも、
朝まで誰かと語り合うこともできない。

今あなたは、ひとりの大人として、
やりたいことが自由にできる。
だから、「好き」に出合える確率は、
子供時代よりずっと大きい。

人生は、
天から与えられた才能を
見つけるためにある。

あなたが楽しんでさえいれば

邪念なく、やりたいことを
ただ笑顔で楽しんでいる姿は美しい。
そんな姿は、必ず誰かの目に留まる。
「魅力」という引力が働いて、
一緒に楽しみたい人がやってくる。
「こんな生き方、素敵だな」

「こういうふうに生きたいな」
「この人とだったら、こんなことができるかも」

そう思った誰かが、集まってくれる。
声をかけてくれる。

嫌々、仕事をしていたら、
自分にウソをついて生きていたら、
絶対にそうはならない。

自分の純度を高めるために、
損得勘定を抜きにして、
とにかく自分のやりたいことをやり続けよう。

創
— TSUKURU —

CHAPTER 02

カテゴリーに収まるのではなく
新しいカテゴリーを創ることが
誰かみたいじゃない自分らしさ
居場所が違うなら創るしかない
動き出さなきゃ、始まらない

20代の初め頃まで、「生きている」という実感がまったくなかった。

常に、「誰か」のための人生だったからだ。「中の下」の人生を生きる自分は、運が悪い人間だと思っていた。自分が何にワクワクするのかさえわからなかった。一言で言えば、劣等感の塊だった。そんな僕が変われたのは、車の営業マン時代に出会った先輩の一言がキッカケだ。営業マンに成り立ての頃の、僕の売上はひどいものだった。アパレル販売員としてそれなりの成績を挙げ、「石ころでも売れます」とタンカを切って入社したにもかかわらず、4か月間、1台の車も売ることができなかったのだ。どんな新人でも、1か月間の研修中に1台くらいは売れるものだ。苛立ちや焦りが募り、思いが空回りした。当時の僕は若かった。現実がうまくいかないのは、会社のせい、上司のせいだと不平不満を爆発させた。未熟だった僕を救ってくれたのが、先輩のYさんだった。「君がこの会社に働かせてくれと面接に来たんだろ？　誰も了戒君に働いてくれとお願いしてない。そんなに文句ばかり言って、会社が嫌なら辞めればいいじゃないか。不満があれば自分で会社でも起こせばいい」普通ならその言葉で意気消沈するのかもしれないが、僕はそう言われた瞬間、「そうか！」と稲妻が走った。「辞めたければ、辞めればいいのか。独立して経営者になればいいんだ！」小学生の頃から、漠然と「社長になりたい」と思っていたおぼろげな夢が、はっきりと力強く、僕の中で像を結んだ瞬間だった。しかし、すぐに会社を辞めたわけではない。独立するなら、今与えられている環境でしっかり実績を残し、ステップアップしなければと考えた。そして、先輩に勧められて本を読み始めた。最初に読んだのは、稲盛和夫氏の名著『生き方』だ。自分の知らない世界が広がっていることに、衝撃を受けた。本に出合って、人生が変わった。何も知らなかった僕は、本に書いてあることを、**とにかくすべて素直に実践した。**真似したのは、営業テクニックやトークの技術だけではない。カバンを置く時はハンカチを敷き、顧客の駐車場では一番遠くに車を停め、長財布を使い、マイ靴べらを持ち歩いた。徹底して本に書いてあることを真似したら、すぐに営業成績が上がりだした。翌年、販売実績で1位になり、新人賞をとった。ほんの1500円の投資で、数百万の車がみるみる売れていく。こんなに費用対効果の高い情報ツールはないと感動した。この時、本の力を目の当たりにしたことが、今の仕事を続けている明確な理由だ。本が僕に教えてくれたことは、計り知れない。人生は、自分の手で変えることができる。自分の力を、誰かのサポートのために使うことができる。先人に学んで、理想の未来を周りの人たちと創り、子供たちに伝えていくことができる。何よりも僕の人生を変えたのは、**「自分で自分の未来を創れる」**と気づけたことだ。本がもたらしてくれた気づきを、ひとりでも多くの人に伝えることが、僕の大事なミッションの一つだと思っている。

「意識」で現実は変わる

人には、目に見えない力がある。
「意識」という力だ。

意識の作用は、日常的に働いている。
すべてのコト・モノ・事象は、誰かの意識で創られている。

でも、意識は目に見えない。だから、
「意識で現実が創られるって、大げさでしょ!?」と
疑う人もいる。

地球の重力は目には見えないけれど、
存在していることをみんな信じて疑わないのに、
「意識だけで現実を創造できる」と言い切ると、
疑ってしまうのだ。

意識は見えないけれど、確かに「ここ」にある。
見えないだけで、「実体」がある。

携帯電話の電波だって、電子機器の電磁波だって
みんな、当たり前のこととして信じているのに、
「意識の力」を信じないのは、なぜだろう。

いや、「みんな」じゃない。
意識の力を信じ、使っている人はいる。
そんな人は、人生を思い通りに創造できているはずだ。

意識で、現実は変わる。
人生は変わる。

自分はすぐに変われなくても、
自分の環境を変えることはできる。
誰と会うか、どこに行くか、
何に触れるかで環境は変わる。

環境が変われば、「常識」が変わる。
「常識」が変われば、自分は変わる。

潜在意識のミッションを攻略せよ

潜在意識には、ミッションがある。
それは、「安定」と「安心」だ。
潜在意識は変化を嫌うから、
今の状態をキープしたいのだ。

だから、潜在意識を使って現実を変えようと思っても、
なかなかうまくいかない。

意識して変えようと努力した分の
10倍の力を使って、元に戻そうとする。

どうせうまくいかない。
失敗するに決まっている。

そんな言葉で、足を引っぱる。

だから、いっそのこと
成功している状態を「安定・安心」だと
顕在意識で思えばいい。

顕在意識でやりたいと思っていることだけに
フォーカスして、突っ走ってしまえばいい。

言葉にしたことは、叶う。
僕は言葉を愛し、信じている。

転機

車の営業マン時代、プレゼンコンクールで僕たちのチームは、2年連続全国2位になった。

翌年、僕は大会後に会社を辞めると決めていた。

僕にとって最後の大会。背水の陣だ。

1位と2位には雲泥の差がある。

絶対に、1位をとりたかった。

それまで、花形のスピーカー役だった僕は、
当然、最後も自分が華々しい舞台に立ち、
1位になって、名誉や賞金や賞賛を得たかった。
原稿さえあれば、聴き手を惹きつける自信はある。

しかし、ふと思った。
このまま自分がプレゼンしたら、
スライド担当のチームの後輩たちは、
何の経験も積むことができない。

彼らにスピーカーをやらせて育成をすることが、
辞める前の僕にできることではないのか。
僕が会社に何か残せるとしたら、
後輩にバトンを渡して、育てることではないのか。

そこで、僕はスライド担当になり、裏方に徹した。
自分の欲求を手放して、他者を優先したのだ。

結果は、１位。

ずっと握りしめていた執着を捨てて、
誰かのために、何かのために、動いた瞬間に願いは叶った。

望む現実は、こんなふうに創造されるのか。
その後の人生を創っていくための、大きな転機となった出来事だ。

ネガティブと肩を組む

幸運や成功を手にしたいなら、ネガティブ思考は大敵だ。

ネガティブな思考は、
自分の目に、フィルターをかけてしまう。
正しい理解、正しい解釈ができなくなり、
ついマイナスなことを考えてしまう。

このフィルターがかかると、
身近にある幸せも見えなくなる。自尊心も消えてしまう。

でも聖人君子ではないのだから、
こういった思考を避けるのは、なかなか難しい。
だから、ネガティブと肩を組んで仲良くするのだ。

そのための第一歩は、
「ネガティブな感情を受け入れる」こと。

誰だって落ち込むことはあるから、
ネガティブ思考になるのは、当然のこと。
「マイナスな言葉を口にしてはいけない」と教える人もいるけれど、
溜めこむと、余計に辛くなる。

自分の気持ちや感情に素直に向き合おう。
ネガティブな感情を溜めないで、しっかり吐き出せるのは
何より自分を大切にしている証拠だ。

そうやって自分を大切にしていると、
ネガティブな感情や思考は
だんだんと薄まっていく。
次第に、健全な自尊心が育っていく。

ネガティブと肩を組もう。
すべてを丸ごと受け入れることから、現実創造は始まっていく。

名優になろう

人それぞれに役割がある。
ドラマと一緒で配役が決まってる。
誰にでも、自分自身の最適な役どころがある。
自分の役割が何かに気づくと、
今まで隠されていた才能が目覚める。
それは、その人が持つ本質の力だ。

だから、特に努力をする必要はなく、
目覚めたその瞬間に、
才能が開花して、現実に反映されていく。

才能が開花すると、
「現実を変える力」や「他者に与える影響力」も
どんどん開花していく。

大切なのは自分の与えられた役割、
つまり、配役を把握すること。

名優で終わるか、大根役者で終わるかは、自分次第だ。

温故創新

もう、西暦で言えば2000年以上も時が経っている。
だから、完全なる「0→1」なんてあり得ない。

今を生きる僕たちのオリジナリティは、
天から与えられた特別な才能ではなく、
優れた先人たちが残した破片の上に成り立っている。

偉大な先輩たちから技を学び、吸収して、
現代の「オリジナリティ」を生み出すんだ。

体を動かし、運を動かせ

人間は、エネルギー体で作られている。
体を動かすことで、エネルギーの回転速度は高くなる。
エネルギーが早く動くということは、現実も早く動き出すということだ。

エネルギーが滞って止ったままでは、何も動き出さない。
しかし、エネルギーを動かすと現実も動き出し、創造されていく。

ジムで体を動かすようになってから
仕事の質と量が変わり、やってくるチャンスが変わり、
経済的にも精神的にも、豊かになった。
運動は、文字通り「運」を「動」かすことだと、実感した。

運動すると、自分から発せられている「振動数」が高まり、
その「振動数」と近いモノ、ヒト、情報が、
集まってきているのかもしれない。

現実を創造していく力は、
頭の良さでもなく、性格でもなく、顔でもない。
「振動数」なのだ。

少しずつでいい。運動を始めよう。
同時に、「心の変化」を確かめよう。
運動する前よりも、不安や恐怖、マイナス思考などが消えていること、
あるいは、減っていることに気づくはずだ。

ただし、楽しいと感じないことをやっても逆効果だ。
トライ＆エラーを繰り返しながら、
自分に合った運動方法を見つければいい。

体を動かせ。
動き出さなきゃ、何も始まらない。

体の可動域と心の可動域は、
シンクロしている。
体の可動域が増えると、
心の可動域も広がる。

物事の捉え方が柔軟になり、
選択肢も視野も広がる。

テクニックは、
人から真似る

「デキる人」が、最初から何でもできたわけではない。
人から教わったり、ワザを盗んだりして、
自分なりのテクニックを身につけたのだ。

ピカソだって人真似から始めたし、
ビートルズだって、最初はコピーバンドだった。

みんな最初はそうだから、気にしなくていい。
僕も今まで、
「なりたい人」の真似を必死でやってきた。

真似して結果を出したら、
次は、他の人に教えてあげればいい。

それが最大の恩送り。

真似て、それを打ち破り、
新たなものを創る。

CHAPTER 02

創

守《しゅ》破《は》離《り》が、
人をオンリーワンにする。

自分の最高信者は、自分

人の成功法則は、あくまでもその人のもの。
僕の成功法則も、もちろん僕のもの。

必ず、自分に合う法則がある。
それを見つけるまでは、人を真似ることも大事だ。
だけど、すべてを鵜呑みにしてはいけない。

法則とは、「一定の条件のもとで成立するもの」。
特定の条件を満たさない限り、通用しない。
条件なんて、時代や人や環境ですぐに変わる。
だから、人の成功法則が自分に通用するとは限らない。

僕たちのやるべきことは、天へ突き抜けるほど一点の曇りもなく、
自信に満ち溢れた「自分だけの成功法則」を作ることだ。

自分だけの成功法則を、自ら信じ切る。
「自分という宗教」を信じる。
それが「自信」だ。

誰かにすがるよりも、
自分が自分の最高信者になる方が早い。

自分の宗教を信じろ。

だって、誰もあなたからあなたを奪えないし、
あなたより、あなたを支配できる人は、
世の中に誰ひとりとして存在しないのだから。

あなたは、そういう存在なんだ。

もし、
「こうなりたい」と
思う人がいるのなら、
初めは、その人の世界観を
パクるといい。
行動、しぐさ、
ファッションも含めて

徹底的に真似するのだ。
それを破って、
新しい自分になった時、
自分だけの世界観が
確立されている。

あなたの意識の底には、どんな言葉がありますか？

僕は長い間、自分を好きになれなかった。
自分を認められなかった。
「自分なんて」と思っていた。

口癖は、「すみません」。
自分が悪いわけではないのに、
本当は「ありがとう」という場面でも、
すぐに謝っていた。ほんの、2〜3年前まで。

『すみません』が口癖になっているから、やめた方がいい」
誰から聞いたのか、忘れてしまったけれど、
そう言われてハッとした。

そこから、「すみません」をやめて、
「ありがとう」と言うようにした。

それが、今の自分を創るための大きな契機となった。

意識の底にある言葉を、人は口にする。
口にする言葉は、意識の底に刻まれる。

いつも自分を下げて、へりくだってばかりいると、
それが無意識レベルで染みついてしまう。

「すみません」をやめるのと同時に、
自信が少しずつ育ち、
会社の売上もそれに比例して、伸びていった。

信じてほしい。
言葉が現実を創るは、ほんとうだ。

「半歩先」の自分を、
イメージしよう。
「半歩先」の未来を、
言葉にしよう。

地に足をつけて、未来を創る

ある時、「半歩先の自分」をイメージするようにした。
「一歩先」ではない。
今の自分が少しがんばれば、
確実に手が届く距離感。
地に足をつけたまま、精一杯、
背を伸ばしたら届くポジション。

プロフィールやブログ、SNSや人との会話の中で、
少しだけ背伸びして「半歩先の自分」を打ち出した。

悪く言えば、少しだけ「盛った」。

すると不思議なことに、
その実績や数字は、すぐ現実になっていった。

半歩先の未来、半歩先の自分をイメージして、
言葉にしていこう。
「そんな未来」「そんな自分」になっていくために。

僕が、「僕」にしかなれないように、

あなたは、「あなた」にしかなれない。

イメージ

うまくいっている人たちをたくさん見てきた。
だから、わかる。

ある人が、「これをやりたい」と言う時、
その言葉が本人に合わない場合がある。
どうしても、それをやっている姿がイメージできないのだ。
そんな場合、たいていはうまくいかない。

でも、その人が「やりたい」と言うことが、
すんなり想像できる時、
やっているビジョンが目に浮かぶ時は、大体うまくいく。

それがわかるのは、これまで多くの〝成功者〟と会い、
話を聞いてきたからだ。
その時に聞いた言葉を一つ一つ自分に落とし込み、
モデルにして実践し、検証してきたから、今の僕がある。

自分がそれをやっている姿が、
ありありと、リアルにイメージできれば、
現実は、その通りに創られる。

僕が人生を変えるために使ったのは、
自分の「意識」と「行動」だけだ。

「苦手」には、才能が隠れている。

書くことも、人前で話すことも、大の苦手だった。
そう言うと「ウソでしょ！」と驚かれるが、事実だ。

営業マン時代に、本を読み始めたら知らない言葉ばかり。
辞書で一つ一つ調べながら、読み進んだ。
ウェブマーケティングの会社では、
セールスレターがまったく書けず、上司から叱られ、
見本となる文章をひたすら書き写して、猛勉強した。

話す練習は、とにかく「数稽古」。
恥をかきながら、実践で学んでいった。
緊張しまくりながら、マイクを握った。
くやしいから、必死だった。

そうすると、少しずつほめられることが増えていった。
ほめられれば自信がついて、さらに技術を磨いた。

「苦手」には、天命や才能が隠れている。
「苦手」から逃げなければ、武器になる。

今この瞬間に、
あなたが無常の喜びを
感じていないとしたら、
理由は一つ。

自分が持っていないものについて
考えているから。

喜びを感じられるものは、
すべてあなたの手の中に
あるというのに。

「ワクワク」の震源地は、どこ？

「ワクワクすることをしよう」と、巷《ちまた》では言われるが、実際には、うまくいかないケースもよく見かける。

多くの人が、「ワクワク」には「いいワクワク」と「危険なワクワク」の2種類あることを知らないからだ。

「危険なワクワク」に気づかないと迷走し、当然、失敗する。

何がよくて、何が危険なのか。
ワクワクする気持ちの奥底にある感情を深掘りすれば、わかる。
そこに「ワクワク」する感情の本質、震源地がある。

たとえば、何かに対してワクワクする時、
「誰かのためになりたい、役に立ちたい」と、
意識が自分の外側に向いている状態であれば、「いいワクワク」だ。
「こうしてあげたい！」「こんな世界だったらいいのに！」
そんなワクワクする感情は、愛から生まれている。
その場合は結果が出やすいし、どんどん発展していく。

しかし、「儲かりそうだから」「認められたいから」
「自分が何かを得たいから」と、意識が自分の方を向き、

欲望だけにとらわれているのであれば、
それは「危険なワクワク」だ。
好き勝手な「ワクワク」であり、
自分の欲望のためだけの「ワクワク」だと
結果が出にくいのは、言うまでもない。

あなたの「ワクワク」の震源地は、
愛だろうか。欲望だろうか。

愛からのワクワクでなければ、
人の心も運命も動かすことはできない。

あなたの内側に、
すべてが潜んでいる。
他人や外側なんて、
気にしなくていい。
自分が自分であることを誇る。
それですべてが好転する。

ただ、
扉が閉じているだけ

努力しなければ、お金が稼げない。
がんばらなければ、成功できない。

今までは、そうだったかもしれない。

でも今は、労働以外で
お金を得る方法はいくらでもある。
常識や我慢を越えたところに、
ビジネスのヒントやお金を稼ぐ術がある。

自分がどうしたいのか。
胸に手を当てて考えると、
閉じられていた可能性の扉が開く。
ほんとうの自分に出会えるキッカケがある。

生きるとは、自分の世界観を響かせること

アーティストは、独自の世界観を
作品というカタチで表現する。

優れたアーティストは、世界観を表現するために、
確かな技術を習得する。
ダ・ヴィンチもピカソも、
優れた基礎技術があったからこそ
自分の世界を表現できた。

僕たち事業家も、自ら大事にする世界観を、
「ビジネスの結果」という作品に表わしていく。
確かなマインドやスキルを習得し、
ビジネスの成果＝世界観の表現に役立てる。

世界観を表現することがビジネスであれば、
これほど楽しい創作活動はない。

人生も同じだ。
自分の世界観を表現することが、生きるということだ。

そのために必要なマインドやスキルを、
僕たちは手に入れなければならない。

あなたはどのような技術を手にして、
どのような世界観を響かせて、
自分の人生を創作するだろうか。

覚悟ができるとかできないとか
時代のせいとか環境のせいとか
使える言い訳を使いきればいい
使いきったら最後に残るのは
世界に自分を差し出すことのみ
勇
YU

CHAPTER 03

このままじゃ、嫌だ。一歩踏み出そう。ヘッドハンティングされて転職した札幌の会社で行き詰まり、僕は、そう決めた。今なら、どんなものであれ自分が置かれた環境は、宝だと思える。でもその頃の僕は、もちろんそんなふうには思えなかった。どれほど我慢ならないと感じても、僕には支えるべき家族がいた。意気揚々と乗り込んだ新天地で、そう簡単に音《ね》を上げるわけにはいかなかった。爆発しそうな感情を必死に我慢し、溜めこんでいたら、ある日、体が危険信号を出した。帯状疱疹《たいじょうほうしん》やアトピーに悩まされ、これ以上は無理だとやっとわかった。だから、地面から両足を離し、**バンジージャンプのように虚空に身を躍らせた。**会社を辞めて、同じ会社にいた先輩たちと出版社を立ち上げ、なりゆきで代表取締役に就任した。29才。念願の経営者になった。しかしほんとうは、そんなにかっこいいものではない。正直なところ、逃げるように退職し、「東京に戻って別の仕事を探そうか」と考えていた時に声をかけてもらって、会社を作ったのだ。放り出されるように独立した、と言った方が正しい。起業するための準備を何もしてこなかったし、人に雇われず自分の力で稼いで生きていく覚悟もできていなかった。うまくいく保証は、どこにもなかった。怖くて、不安で、何をすればいいかもわからなかった。そのせいか、最初の半年間は、必死でキャッシュを集める毎日。月末の支払いや自分たちの報酬に対する不安が、常につきまとった。当時はまだ借金が残っていて、お金の心配から眠れない夜が続いた。状況が好転したのは、「GIFT」というカードゲームに出合ってからだ。「GIFT」では、参加する4人がお互いに与え合い、全員で同時に勝つ。全員が勝利者になるから、ゲームが終わった瞬間、初対面同士でもみんな笑顔でハイタッチする。初めてやってみて、「このゲームが広がれば、世界は平和になる！」と確信した。損得や条件を抜きにして、ただ純粋に多くの人に伝えたいと思った。「本業で結果も出ていないのに」と悩みながらも、誘われるままに、「GIFT」を広める会社の代表になった。そこから、いい循環が生まれ始めた。助けてくれる人たちや、道を示してくれる人たちが次々に現れた。真心を差し出したら、真心が返ってくるのだと、その時思った。本業も次第に順調になり、気持ちにも経済的にも余裕が生まれた。そして、31歳。ひとりで、現在の会社を興した。やりたいことを全力でやっていく。理想を現実のものにする。やっと、その時が来たのだという喜びを噛みしめた。20代で経営者になることを決めてから、「31歳で独立する」が口癖だった。奇しくもその口癖通り、31歳の僕はほんとうの意味で「独立」した。あの時、怯えながらも勇気を振り絞って飛んだからこそ、今の僕がある。怯えていたら、何も変わらない。動き出さなきゃ、始まらない。動いたら、動いたなりに現実が変わる、絶対に。

変わりたいと願えば、人は変われる

今まで、たくさん嫉妬したし、
人と自分を比較して、落ち込んだりもした。

21歳で結婚して、父親になり、同級生たちが遊んでいる頃、
泣き止まない子供をあやすために、
車に乗せて、夜の道をひたすら走った。

誰かの足をひっぱりたいと思ったこともある。
「あいつ、失敗すればいいのに」と願ったこともある。

そんな自分に、嫌気が差した。

道を照らしてくれたのは、人生の先輩たちだった。
経営者や起業家、作家、アーティスト……。
彼らの本を読み、セミナーに参加し、音楽を聴き、芸術に触れた。
時には直接会って、じっくり話を聞いた。その数は、150人以上になる。

悪い習慣を断ち切るには、いい習慣と入れ替えるしかない。
古い価値観を捨て去るには、新しい価値観を取り入れるしかない。

そうやって、少しずつ環境を変え、自分を変えてきた。

変え方は、人の数だけある。
まず強烈に、「自分が変わりたい」と思うかどうかだ。

終わらせたければ、やり尽くそう！

赤ん坊はとことん泣き尽くすと泣き止む。
それと同じように、執着し尽くすと、執着を手放せる。
悩み切ると悩みが終わる。そして忘れる。

何でもやり尽くすと終わる。

終わらせたければ、納得いくまでやり尽くせばいい。

決められるのは、
自分だけ

たとえば、あなたが独立したいと思っているのなら、
そう思った時点で、すでにバンジー台に立って、
片足を離しているようなものだ。

そんな不安定な状態でいたら、気持ち悪いに決まっている。
だったら、もう片方の足を踏み込んで、
飛び出した方が絶対に気持ちいい。

地を蹴って、飛び出すか。
中途ハンパなままでいるのか。
それとも、「やっぱり怖いから」と、
せっかく出した足を元に戻すのか。
もちろん、それは自分で決めればいい。

でも、片足を踏み込んでいる時点で、
ほんとうは、もう決めているのでは？
片足離してるってことは、やりたいってことだよね？

一歩踏み込んだ自分にイエスを出してあげたら。
認めてあげたら。
きっと、今まで決して見えなかった世界が広がっている。

いつでも、真っ向勝負。

誰だって時には嫉妬したり、イラッとしたり、落ち込んだりする。
そんな情けない弱い自分も含めて、自分。
「それでもいいや」と認めてしまおう。
聖人君子であるまいし、
ネガティブ（陰）さえもモチベーションに変えて、
明かり（陽）を灯そう。

君が、当事者

「理想の世界」と「今住んでいる世界」は、
別の場所ではない。

どんなに遠く、どんなに長い間、
「ここではないどこか」へ自分を探しに行っても、
結局は見つからないだろう。

だって、〝今〟住んでいる世界が、
そのまま、理想の世界につながっているのだから。

だから、〝今〟を諦《あきら》めさえしなければいい。
そうすれば、理想の世界への扉が開く。

思い出してほしい。
人生ゲームって、横で眺めている時はつまらなかったけど、
自分がプレイヤーになった瞬間、楽しくて仕方がなくなったはずだ。

みんなが主役。
僕たちは、人生の傍観者じゃない。
「当事者」だ。

過去には、ギフトがある。
あなたの過去がなければ、
「今」のあなたはいない。

辛かったことや、
苦しかったことは、武器になる。
それを克服しようと努力した道筋は、
必ず人生に生かされる。

うまくいく人は、「素敵な勘違い」をしている

うまくいっている人は、「自分はうまくいく」と思っている。
もしかすると、それは勘違いかもしれない。
でも、「素敵な勘違い」だ。
その勘違いのおかげで、チャンスを次々と生かせる。
周りからも愛される。

人生がうまくいかない人は、「不幸な勘違い」をしている。
「どうせダメに決まっている」「自分なんか何もできない」……。
そんな勘違いをしていると、
チャンスがせっかく目の前に来ても、
チャレンジする前から諦めてしまう。
人間関係でも、トラブルになりやすい。

では、どうすれば「不幸な勘違い」を捨てて、
「素敵な勘違い」を持てるのか？

それは、自己肯定感を高めること。
自分を愛すること。

あなたが幸せになれば、世界は幸せになる。
あなたが不幸なら、世界はいつまでも不幸だ。

あなた自身を愛せば、周りが愛してくれる。
あなた自身を許せば、周りを許せる。

だから、あなたから幸せになり、愛すること。

どんなことが、これからあなたに起きようとも
「素敵な勘違い」が、あなたを生きやすくしてくれる。

たとえば、人が離れていったり、

物事がスムーズに進まなかったりする時、

それは必ず、

次なるステージに次元上昇するサインだ。

「できない」を「できる」に変える方法

「本当はこうしたいけど、やっぱりやめとこう」

何かに挑戦しようとする時、
結果が出る前から、こんな言葉が心に湧いて、
結局、何もできずに終わる……。
そんな経験はないだろうか？

でも、その基準が単なる思い込みだったとしたら？
自分が決めた思い込みだけで、
人生の大きな可能性を狭めてしまうのは、もったいない。

「できない」を「できる」に変える方法が、一つある。
結果にこだわらないこと。

「無駄な行動をしたくない」と思うのが人の心情だから、
結果が出ないと、行動を起こした自分が損をした気持ちになる。
だから、つい結果にこだわって行動を起こすのをためらってしまう。

けれどそれでは、いつまで経っても現状は変わらない。

行動をした自分をほめてあげよう。
行動できた時点で、目的達成だ。

結果は、後からついてくる。
ほんとうの願いは、忘れた頃に必ず叶う。

根拠のない自信って、大事だ。

根拠がある自信は、

その根拠が覆《くつがえ》されたら、

同時に崩れてしまう。

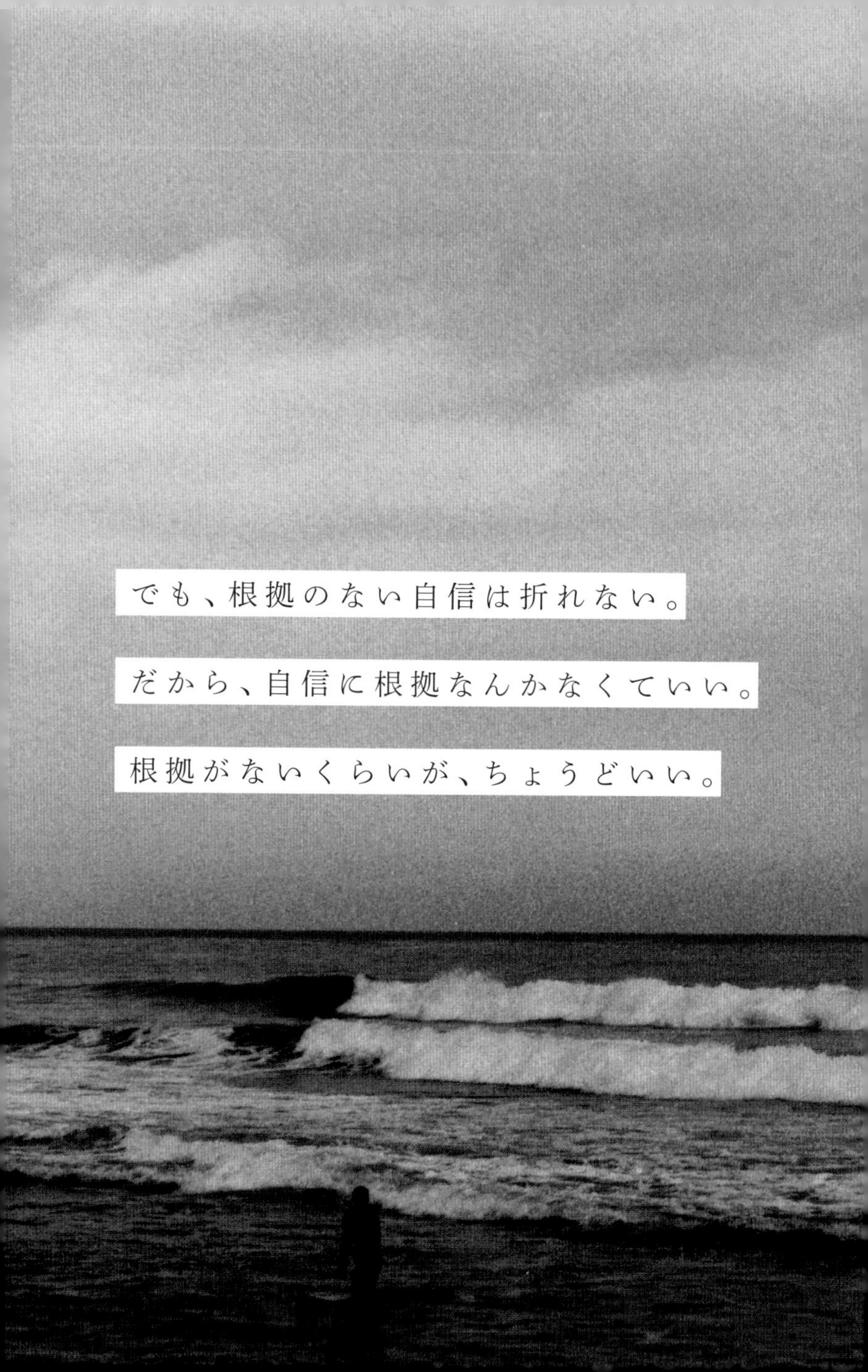
でも、根拠のない自信は折れない。
だから、自信に根拠なんかなくていい。
根拠がないくらいが、ちょうどいい。

安心していい

もう、これ以上進めない。
暗やみの中で、前が見えない。

たとえ今、あなたがそんな状況でも安心していい。

壁にぶち当たっているからこそ、
先に進むための「意識」が生まれるのだから。

アインシュタインの「相対性理論」にある通り、
長いひもがあるから、短いひもが認識でき、
短いひもがあるから、長いひもが認識できる。

壁にぶち当たるからこそ、先に進みたくなり、
先に進もうとするからこそ、壁にぶち当たる。

今、目の前にある新たな壁は、あなたを「次なるステージ」へ
導いてくれるためのキッカケに過ぎない。
その壁は、あなたが前に進んでいる証だ。

壁と対峙した時にどう受け止めるか。
意識をどこに向けるか。
それだけで、自分と自分の未来を変えていくことができる。

ほんとうに現実を変えたければ、

自分を追い込んで、退路を断つ。

そんな決断も必要だ。

怖れずに、未来を信じる

今、目の前にあるのが、ほんとうに欲しかったものなのか迷ったり、
いったん動き出してみたものの、
「何かが違う」と踏みとどまったりしていないだろうか。

そんな時は、自分自身の直感を、一番信じてみてほしい。
信じることは尊く、心の強さを試される。

ささやかな心のざわつきに、正直に従ってほしい。
怖がらずに、しっかり自分と向き合ってほしい。

誰も、あなたからあなたを奪えない。
あなたより、あなたを使える人はいない。

だから、他人や常識に支配されないで。

今あなたは、誰かの指示や連絡を待っているかもしれない。
でも、実のところ、
あなたを待っているものは、「未来」しかない。

その未来を切り開くのは他でもない、「あなた自身」だ。

リフレイン

頭の中でリフレインしている言葉を聞き逃すな。

ほんとうは、○○したい。ほんとうは、○○が欲しい。
ほんとうは、○○は嫌だ。ほんとうは、○○なんて要らない。

自分がほんとうにやりたいことだったら、
自分にとって、ほんとうに必要なことだったら、
その言葉は、いつまでも消えることがない。
何度も何度も繰り返される。

それは、あなたの命が、あなたの魂が欲している言葉だから。

だから聞き流さないで、その言葉に従ってほしい。
「今」が、その時だ。

どうせ、0《ゼロ》にしかならない

誰だって、道から外れるのは怖い。
多くの人は、安定した人生を送りたいと思っているはずだ。

僕自身もそうだった。

でも、一度決められたレールから外れてみたら
変化への不安も恐怖も飛び越え、自分の殻を破ることができた。

だから、どんどんチャレンジした方がいい。

年齢は関係ない。
思い立った時が、適齢期。

スロースタートでも恥なんかじゃない。
知らない、気づかない、やらないより断然いい。
万が一失敗しても、その経験は大きな財産になる。

もちろん、人が離れたり、
お金がなくなったりすることはあるかもしれない。

たとえ、そうだったとしてもいい。
どんなことが起きても、マイナスではなく、
0《ゼロ》にしかならないのだから。

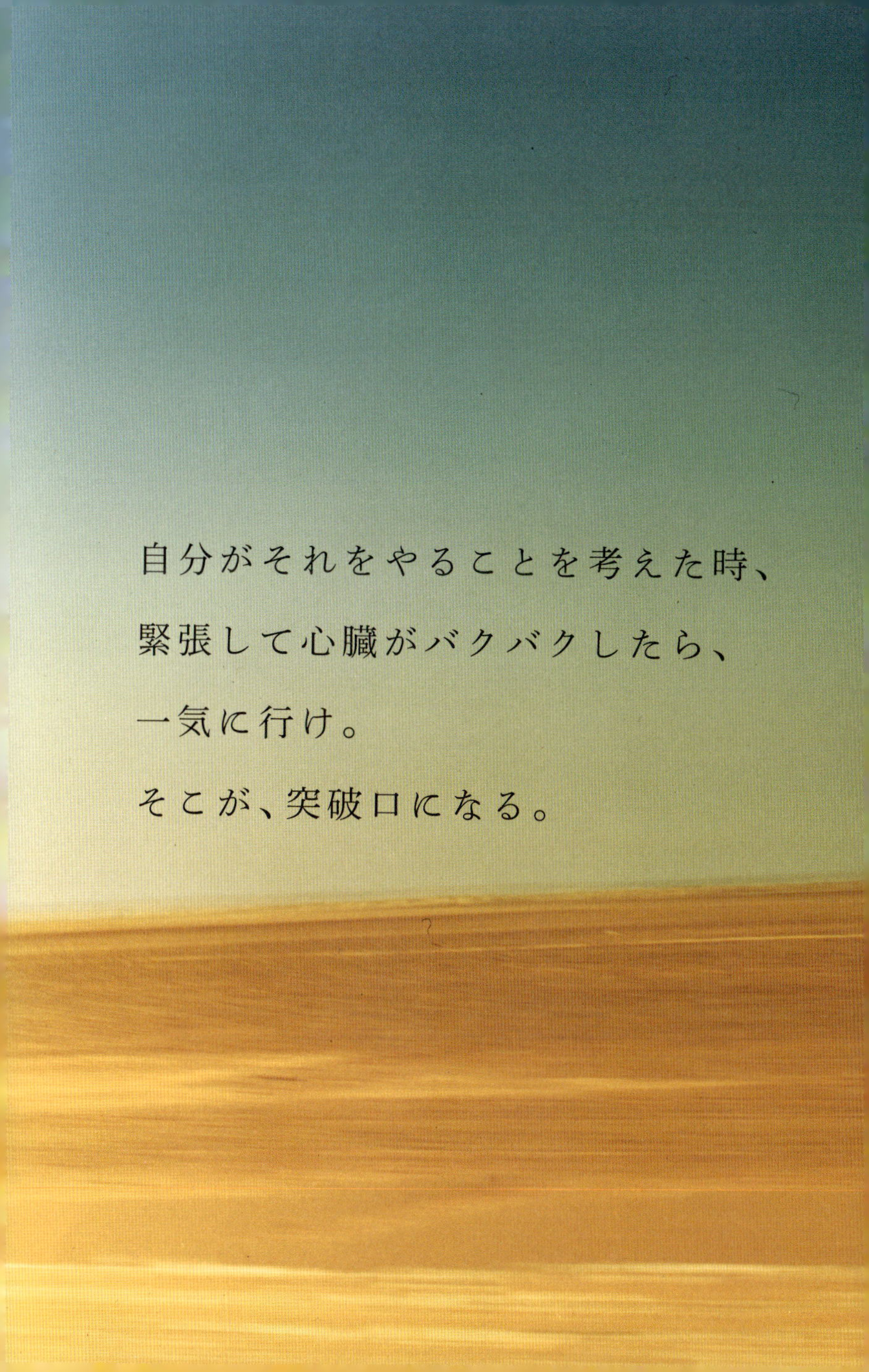

自分がそれをやることを考えた時、
緊張して心臓がバクバクしたら、
一気に行け。
そこが、突破口になる。

それは、自動的に起こっていく

誰もが、自分らしい人生を謳歌するために必要な才能、天賦《てんぶ》の才を必ず持っている。
その才能を開花させるのに必要不可欠なマインドは、人からどう思われるかや、儲かるかどうかではなく、寝ても覚めても、そのことで頭がいっぱいになるようなワクワクすることに、一歩を踏み出す勇気だ。

その一歩を、あなたが歩み始めた瞬間、心から喜びを感じられる人生が待っている。

あなたさえ変化を恐れずに、
あなたさえ自分を妨害しなければ、
必ず、ほんとうのあなたの人生が輝き、才能が開花する。

あなたが踏み出す分野は、ダンスや絵の世界かもしれないし、

あるいは、物を作ることや売ること、
野菜を育てること、子供と遊ぶことかもしれない。

今まで気づかなかった才能や、
表に現れていなかった能力が、大人になって開発されることもある。

無理だと決めつけてやろうとしなかったことに挑戦してみよう。

何であれ、自分のするべきことに取り組み始めれば、
損得にも将来性にも、人の評価や比較にも興味がなくなっていくだろう。
才能が開花していけば、
あなたの人生も同じように花開き、喜びに満ちていくだろう。

それは必ず、自動的に起こっていく。

緊張するのは、悪くない。
緊張が強ければ強いほど、
その状態が続けば続くほど、
高く、遠くに飛べる。

最後は、「思いの強さ」しかない

「こうなりたい」という気持ちの強さ。
「こうありたい」という思いの熱さ。

最後は、それしかない。

「もしダメだったら、仕方ない」
「面倒くさいことはやりたくないし、他にも道はある」
「一生懸命って、私には向かないから」

そんな中途半端な思いで、夢が叶うはずはない。
それはたぶん、「借り物の夢」だ。
厳しい言い方かもしれないが、
本気で、なりたい自分を目指す人と、
同じ土俵には立たないでほしい。

強い思いがあれば、
どんなリスクや困難にも立ち向かえる。
願いは、絶対に叶う。

経
MICHI

CHAPTER 04

あなたの道の答えは誰も知らない
どんな教科書にも書いていない
心の赴くままに感じる羅針盤
それが一生涯使えるナビゲーター
いつも答えはあなたの心の中に

「生きる意味って何だろう」と問われたら、僕はこう答える。「自分のできる範囲内で、未来を今よりちょっとよくすること」。人はそれぞれ違うから、そのためにやることは何でもいい。舞台にいろいろな配役があるように、与えられている役割はみんな違う。歌が得意な人は、歌でみんなの心を癒し、勇気づければいいし、料理が好きなら、愛する人のために毎日おいしい料理を作り、健康をサポートしてあげればいい。すべて「自分のできる範囲内で、今より、誰かの未来をちょっとよくすること」だ。そうであれば、誰もが「自分は経営者だ」と意識することが大切だと、僕は思う。経営は「経」を「営《いとな》む」と書く。「経」とは、お経のこと。つまり、「人の道」だ。だから、経営という言葉は「人の道を営む」ことを指し示すのだ。会社を経営している人だけが「経営者」ではない。会社勤務だって、主婦だって、学生だって、自分の道を営むのだから、みんなそれぞれ、人生の「経営者」。自分がどのような道を営んで、いいものを未来に伝えていくかを考え、未来をちょっとよくすることをやり、誰かに貢献することで魂が磨かれ、来世での魂がハイランクでスタートするのだと思う。お金も肉体も、あの世へ持って行けない。でも魂だけは、あの世へ持って行ける。この世で魂を磨き、アップデートする作業が、きっと「今を生きる」ということだ。今生で魂を磨きまくって、来世へつなぐこともまた、「自分のできる範囲内で今より、誰かの未来をちょっとよくすること」だ。

自立とは、自己信頼。

期待しないと、返ってくる

「まず、自分から与えよう」と、よく言われる。
でも、見返りを求めたＧＩＶＥでは、何も返ってこない。

愛のあるＧＩＶＥならば、
与えた時点で、もう自分も与えられている。
「与えたい」と思った願いを、
相手に叶えてもらっているのだから。

自分が望んでやったことなのに
「あれだけやってあげたのに、恩を仇《あだ》で返して！」
「お礼の一つもないとは失礼だ」
と言う人がいる。

それは、見返りを求めているからだ。

相手の反応は、相手の問題。
いちいちイライラする必要はない。

自分が与えたものは、
忘れた頃に、巡り巡って他のところから返ってくる。

いつ、どのGIVEが自分に巡り、
返ってきたかわからなくても、自然と返ってくる。
だから、恩を人にきせない。
人に期待をしない。相手に求めない。

GIVEは、自立している人にしか返ってこない。

信条

他人や常識に左右されず、
自らが情熱を注ぎ込めることを謳歌する。

自分のバランス感覚、
自分の可能性を最後まで信じ切る。

大それたことじゃなくてもいいから、
誰かのため、社会のために、
自分のできることを還元する。

これが、生きる上で、
僕がもっとも大切だと思っていることだ。

スクラップ&ビルド

ほんとうに、それしかないのか?
ほんとうに、それが正しいのか?
ほんとうに、これしかやり方がないのか?

今あるものの「前提を疑う」ことが大切だ。

「デバッグ」というプログラミング用語がある。
コンピュータプログラムのバグを発見・修正し、
動作を正常にするための作業だ。

うまくいっている人の脳にも、
この「デバック」が搭載されているのではないか。

彼らは、小さなバグも敏感にキャッチする。
一見、うまくいっているようでも、
水面下でバグが肥大化していき
気づいた時にはもう遅いなんてことにならないように。

もし、違和感（バグ）を感じたなら、
すぐさま、確認作業に入る。その行為が「前提を疑う」ことだ。

もちろん疑っても、問題がない場合もある。
でも疑わなければ、問題は発覚しない。

その結果、時には、過去に信じていたものを破壊しないと
次のステージに進めないこともある。
仕事でも、人間関係でも。

だから、先へ進みたいなら前提を疑おう。
問題があるなら放っておかないで、
ちゃんと向き合って乗り越えよう。

そうすれば、スクラップ＆ビルド、破壊と再生を繰り返し
望む方向へ、自分をアップデートしていけるから。

間違っていなかった

人一倍、野心がある。
怯えもあるし、怖れもある。
自分自身の醜い部分も知っている。
それも自分だと、丸ごと受け入れて、
自分の尊厳を保っている。

抜きん出た才能があるわけでもない、
特別に秀でたところがあるわけでもない。
何もない僕だけど、
どんな能力を社会に還元できるだろう。
自分の役割は何だろうと、ずっと考えていた。

独立して経営者になり、
自分のできることや得意なことが
人の役に立っていると実感できて、
初めて、社会の一員として認められた気がした。

それまでずっと、自分は劣等生で、
社会のはみ出し者だと思って生きていた。

自分の仕事を喜んでもらえるようになった瞬間、
こんな楽しい生き方があるのだと気づいた。
そして、僕は間違っていなかったんだなと思った。
その時ようやく、自分を許し、愛することができた。

最大の社会貢献は、「最高の自分」を生きること

最大の社会貢献は、
何も独立起業しないとできないわけじゃない。

起業や独立が向いてる人もいれば、
そうじゃない人もいる。

「好き」を仕事にしていくか、
仕事を「好き」にしていくか。

どちらも好きなことをして生きていくのに、変わりはない。

だから、
今の仕事が「好き」になれれば、
どっちでもいい。

でも、自分史上「最高の自分」であることを躊躇しない。

最高は、一つじゃない。
自分の「最高」を表現することで
それを見た人は、勝手に引き上がる。
結局それが、最大の社会貢献。

その「やりたい」は、何のため？

そもそも、あなたの「やりたい」は、
誰のため？　何のため？

よく考えてみてほしい。
他の誰かのためではなく、
自分のためだけでもいい。
まずは、自分自身が満たされる必要があるから。

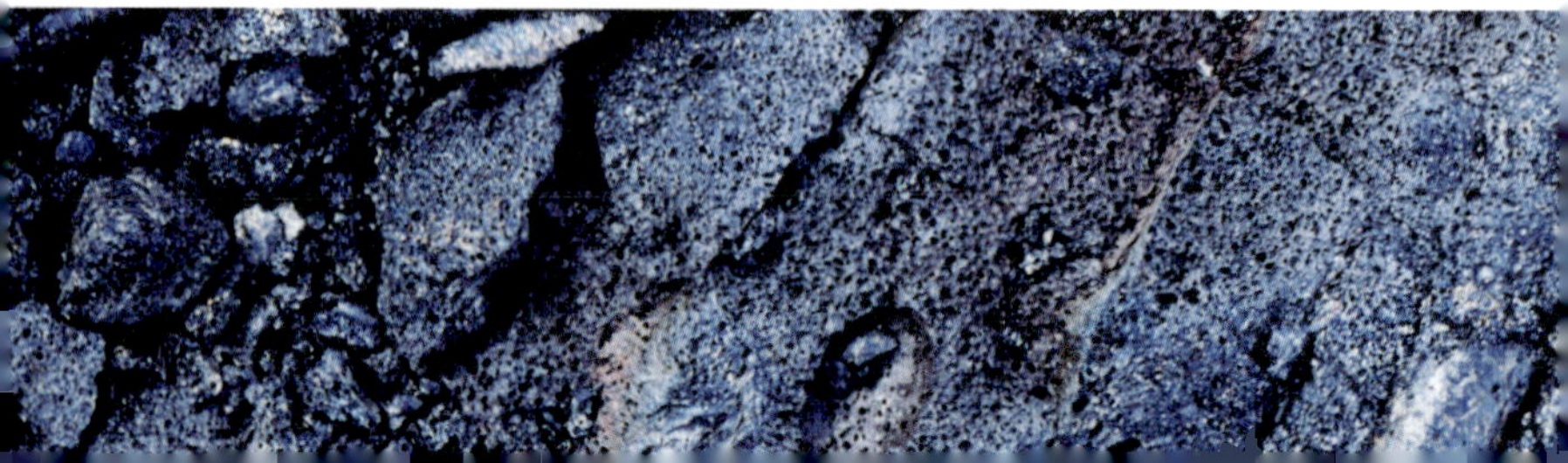

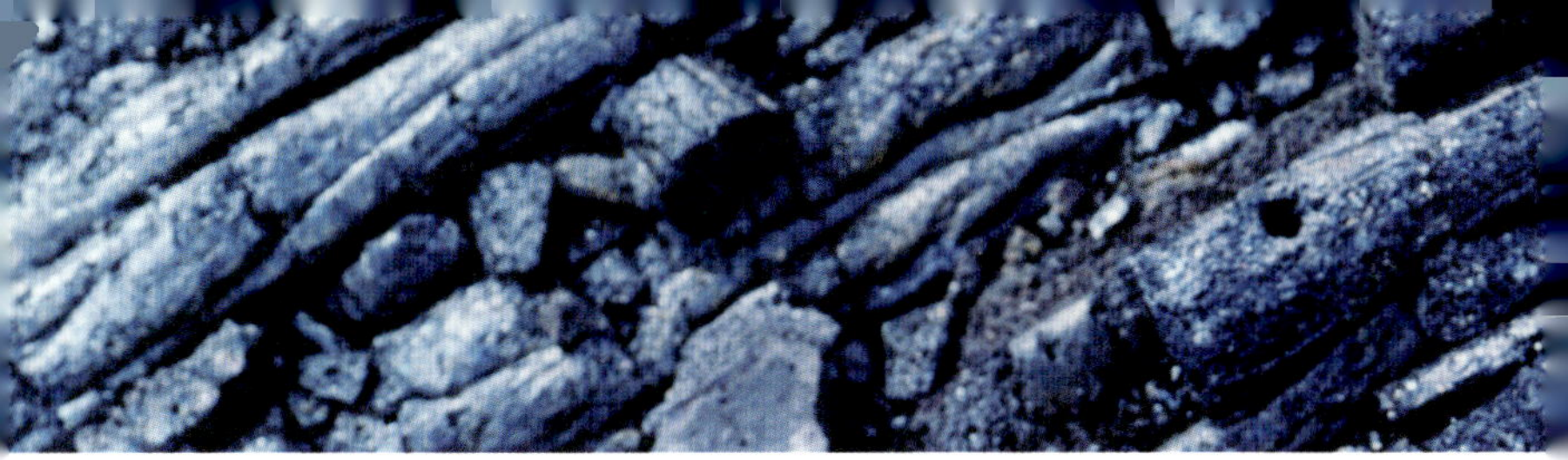

自分の腹が満たされない状態で、
他人の腹のことまで考えることは、
なかなかできないものだ。

でも、ある程度満たされたら、
自分のため「だけ」は、虚しくなる。
もっと「他人」や「社会」に貢献したくなる。

その「他人や社会に貢献したい」の「したい」は
他の誰でもない「あなたの気持ち」だ。

だから結局、最初も最後も、
相変わらず「自分のため」なのだ。

仕事は「勢い」だ！

仕事でも何でも、「勢い」が大事。
勢いがあれば、大抵いい方向に導かれる。

たとえば、猟師が獲物を狙って鉄砲を撃つ時、
鉄砲から放たれた弾には「勢い」があるから、
相手の心臓をも貫く強さを持つ。

鉄砲弾を素手で投げつけても、弾には「勢い」がない。
だから、動物は痛くもかゆくもない。

勢いがある状態＝スピーディーだと、
結果は、まったく違う。

勢いがなければ、結果は、それなりだ。

過去に携わったプロジェクトで成功しているものは、
例外なく、現場の熱量に「勢い」があった。

勢いがあると、エネルギーが高まる。
エネルギーが高まると、自然と物事は活性化する。

どんなに、すごいことをしようとしていても、
ダラダラ仕事していたら、勢いはつかない。
もちろん、いい結果はもたらされない。

相手にわかってもらおうと四苦八苦している時は、
相手がわかってくれないと嘆き悲しんでいる時は、
「他人」というロープにすがりついているだけだ。
そのロープは、昇っても昇っても下がってくる。
どんなに必死でたぐり寄せようともがいても、
自分はずっと、同じ位置にいる。

お金と愛はセット

「お金」は大切なものを守るために、
神様が与えてくれた最高のツールだ。

愛は、お金では決して買えないけれど、
お金がないと、その愛も長続きしない。

愛が根底にある前提で言う。
「世の中は、お金」だ。

キレイゴトなしに、
お金は「夢を叶えるためのツール」なのだ。

江戸時代の思想家であり、優れた経済人でもあった
二宮尊徳が、こんな言葉を残している。

「道徳なき経済は罪悪であり、
経済なき道徳は寝言である」

夢や理念を語るのはいい。
でも、決して寝言にしてはいけない。

初心は、忘れて〝然《しか》る〟べき

人は、生成発展する生き物らしい。
昨日までの自分を超えようとして
日々、成長を遂げているのであれば、
「初心」はもう、とっくに過去。

だから、目標や夢は、常に変わっていい。
上方修正しても、下方修正してもいい。
なんだったら、やらなくてもいいし、できなくてもいい。

大切なのは、「初心」ではない。
今、「あるがままの心」だ。

スラッシャーになりたいなら

スラッシャーになりたいという人に、必ず言うことがある。

「まず、本業で結果を出しましょう」

たった一つでいい、どんな分野でもいい。本業で、傑出した結果を出す。

そうすると、注目される。影響力が出る。

何者でもない人間が、
いくらプロフィールにスラッシュだけ増やしても、
説得力などあるわけがない。

だから、自分の「軸」を見つけること。

今、あなたの目の前にある
「やるべきこと」「できること」は何ですか？

考え続けた人にしか、アイデアは生まれない。

頭の中だけで考えているそのアイデアは泣いている。

実践してこそのアイデア。

アイデアがあるなら、まずは、試そう。

他人の人生を生きないために

情報が溢れている時代。

真実も、真実でないことも、
必要なものも、必要でないものも、
欲しいものも、欲しくないものも、
勝手に押し寄せ、入ってくる。

どの情報を取り入れるか、選ぶのは自分。
それは、とても自由だけど、残酷でもある。

情報を処理する側の人間が、物事の本質を知らないと、
鵜呑みにして振りまわされるから。

こういう時代だから、
自分で考えて、決められる自分になる努力と、
情報に依存しないで、
ひとりでも生きていけるという覚悟が必要だ。

そうしなければ、
自分から、どんどん遠ざかってしまう。
他人の人生を生きることになってしまう。

両極を知るから、「中道」がわかる

仏教に「中道」という言葉がある。
どちらにも偏らず、バランスが取れた状態を指す。

右端と左端を知らなければ、
中心がわからないのと同じように、
両極を知らなければ、中道はわからない。

だから僕は、どんな立場の意見も、
とにかく知りたい。
自分と真逆の意見もフラットに見て、吟味したい。
貪欲に、あらゆることを学びたい。

その中から、腹落ちしたものを自分で選ぶ。
そういう姿勢で生きていきたい。

コミュニケーション論

人それぞれ、自分の価値観があって、
自分の「正義」がある。
誰だって、自分のことをわかってほしい。

だから僕は、自分を知ってもらうことより、
相手をどれだけ理解できるかということにフォーカスしてきた。

相手を理解したいという思いと、
そのためのスキルが、ビジネスで生かされた。
クライアントのニーズを理解して打ち出したサービスで、
たくさんの人に喜んでもらえた。

相手を理解しようと思うからこそ、
人の人生に触れたくなるし、知りたくなる。

そうやって、相手を知ろうとすると、
イラッとしたり、不安を感じたりすることがなくなった。

人に対して苛立つのは、相手のことを知らないか
勝手に自分の枠組みで考え、憶測で判断していたからだと気づけた。

自分の思考や感情にとらわれるから、
相手の言葉や行動をジャッジしてしまうのだ。

相手の価値観やバックボーンを知った状態で耳を傾けると、
その人がどんな価値観でその言葉を発しているかが、よくわかった。

仕事でもコミュニケーションでも、まず自分から、相手を理解することだ。

「正義」

自分の価値観を守ることが、僕にとっての「正義」だった。
だから、社会のルールを守らない人や
自分と価値観の違う人を見て、
ムカついたり、怒ったりしてきた。

でも、ある時気づいた。
そんな「正義」を振りかざしているから、
「悪」が目の前に来るのだと。

自分の価値観を人に当てはめるから、
思い通りにならなくて、腹が立つのだと。
ある意味、正義感を発揮するために、
「悪」を引き寄せて、自作自演していたのだ。

僕に「正義」があるように、相手にも「正義」がある。
自分の「正義」を手放したら、楽になった。
期待しなくなったら、優しくなれた。
そして、人生がうまくいくようになった。

自分の「幹」を育てる

人のちょっとした表情や言葉尻に、
いつも過剰に反応する自分がいた。
他人の言動に一喜一憂して、
時には、ケンカ腰で噛みつくこともあった。

「普通はこうだ」と、毒づいていたけれど、
「普通」の枠組みが、そもそも歪んでいたから、
周囲とのギャップが大きくて、あちこちぶつかっていたのだ。
そのことすら、気づけなかった。

いろんな人と出会い、いろんな言葉や生き方を知って、
小さな枠がどんどん広がり、ゆるんでいった。

そして、気づいた。

「反応しない自分」を創るには、
相手を理解することしかない、と。

相手をしっかり理解すれば、相手と自分との違いがわかる。

相手のバックボーンや価値観を知ることで、
一歩引いたところから、
相手と自分自身を見られるようになり、感情が安定した。
そして、「自分の軸」ができた。

感情が安定すれば、
自分の太い幹の部分が育つ。

それには、まず相手に興味を持つこと。
そして、知ろうと努力すること。

悦
ETSU

CHAPTER 05

宇宙から見た僕らの人生なんて
ただの短編ドラマに過ぎない
中途半端が一番カッコ悪い
どうせなら恥ずかしがらずに
ドラマティックに演出しよう

僕が最初に人前で歌ったのは、中学2年の時だ。仲間とバンドを結成して、学校行事でビートルズを演奏した。生まれて初めて、「自分」を表現した瞬間だった。全校生徒が拍手喝采。あの時の高揚感はたまらなかった。純粋に歌が好きで、人前で何かを表現することが好きだった。でも高校生になると、バイトと学校で一日はすぐ終わった。バンドや音楽にとれる時間なんてなかった。その後、10年間のサラリーマン時代を経て起業し、一心不乱に突っ走って、やっと事業が軌道に乗り、ようやく、自分は何がしたいのかに向き合えるようになったその時、ふと思いついたことが「バンドやりてぇ」だった。思った瞬間Facebookでつぶやいた。すぐに、沖縄の久高島ツアーで出会ったメンバーで「コズモクダカ」が結成された。初ライブは2016年12月、1200人の大ホール。超満員の会場で、中学2年の時と同じ光景、同じ高揚感を味わった。緊張よりも、ワクワクが大きかった。オーディエンスが多ければ多いほど、自分自身は気持ちがよくなることを、この日知った。バンド自体のクオリティは、僕のボーカル含めて決して高かったわけではない。でも、会場は驚くほど盛り上がった。それまでの僕は、歌唱力やテクニックがなければ人前で歌ってはいけないと、勝手に「やらない理由」をつけて、

歌うことを避けてきた。

しかし、このライブで気づいた。歌

がプロのようにうまくなくても、テクニックがなかったとしても、本気で何かに打ち込んでいる姿を見て、人は感動してくれるのだと。それから僕は、曲を書いて人前で歌い、プロモーションビデオを創って、全力で「悦《えつ》った」。悦ると、魂が喜んだ。命が喜んだ。「悦る」は、僕の造語だ。今この瞬間、本気で好きなことをやり、歓喜に満ちることだ。たくさんの人に観てもらいたかったから、ＹｏｕＴｕｂｅにアップした。でも、誰よりもその動画を見ているのは、僕自身だった。自画自賛し、悦に入り、自分に賛辞を送った。そんなある日、保育園に息子を迎えに行った時、先生から声をかけられた。「了戒さん、ＹｏｕＴｕｂｅのミュージック動画、観てますよ！」息子が「パパはＹｏｕＴｕｂｅｒだ」と話すのを聞いて、僕の名前を検索し、プロモーション動画を観てくれていたのだと言う。不意を突かれて、戸惑った。でもその後で、先生はこう続けた。「時々、了戒さんの歌を聴いて、勇気をもらってます！」恥ずかしさの後に、嬉しさがこみ上げてきた。「世の中って、いいな」と素直に思った。自分のことだけを考えて自己満足で創ったプロモーションビデオが、知らない間に、誰かの役に立っていたなんて。とことん独りよがりで生きようと思っても、独りよがりには生きられないんだと気づいた瞬間だった。もっともっと、思いきり独りよがりに生きていい。だって、どうせ誰かの役に立ってしまうのだから。

はみ出さないと、生み出せない。
振り返らず、塗り替える。

強行突破

世の中でもっとも波動が低くて、不要な感情とは、
「羞恥心《しゅうちしん》」だという調査結果がある。

それを知って以来、恥ずかしさを越えて、
いろんなことにチャレンジするようになった。

以前の僕は、人一倍羞恥心が強かったから、
簡単に変わったわけじゃない。変わるための作戦を立てた。

「何と思われるだろう」「バカにされるかもしれない」と思った瞬間に、恥ずかしいと思いつつ、やってしまうことにしたのだ。

ためらいや不安があったとしたら、あえてそれをやることでしか消せない。
そう思ったからだ。

だから「やりたい」と思ったら、強行突破でとことんやる。
ビジネスマンなのにライブを開き、プロモーションビデオやCDまで創っている。

他人の評価から離れたところで行動を起こすと、評価をするのは、自分自身しかいない。

もちろん、誰かに良い評価をされるのは
嬉しいから創っているのだけれど、
賛否の「賛」を自分が出しているから、
誰も評価してくれなくても、満たされている。

「どう思われてもいいや」と、一歩踏み出した時、
自分の魂がやりたかったことを
叶えてあげられた喜びだけが、そこにあった。

自分がやりたかったから、やらせてあげた。
だから、自分に「ありがとう」なのだ。

承認欲求は、人生を変えるバネになる

承認欲求という言葉は、
あまりいい意味では使われない。
でも、承認欲求があるからこそ、
向上心が生まれて成長できる。
人に喜んでもらいたいと考え、いい仕事ができる。

だから、承認欲求をバネにすればいい。
ただし、承認欲求だけがふくらむと、「機会損失」する。
「自分は認められていないのでは」と勝手に怯えてしまい、
自分らしさを発揮できなくなるから。

世の中に対して、怯えながら生きていると、
ついつい怯えてしまいそうな出来事が目の前にやってくる。

自分目線ではなく、
相手に対して何ができるか。
愛が渡せるか。

そう考えてみよう。
きっと、いろんな縁がつながっていく。

最高の「今」を味わうことで、
心の可動域が最大限になる。
振り幅がMAXまで広がった、
最大出力の自分になる。

そんな人生を生きよう。
最新が、最高。

僕たちの自信

自分が自分であることを誇るのと、
日本が日本であることを誇るのは、同じだ。
視点の高さ、つまり、次元が違うだけのことだ。

今、日本人には自信が足りない。

まずは自分を愛すること。
自分を肯定すること。
自尊心が、愛国心につながると僕は思っている。

グローバリズムが叫ばれているけれど、
僕たちが世界基準に合わせなければならないのは、
他でもない、自分を知ること。自国を知ること。

それが自分を愛して、自信を身につけるための
もっとも効果的な方法だ。

座右の銘

その昔、日本国が始まった時に掲げられた
建国理念がある。

それが、「八紘一宇《はっこういちう》」。
「一つ屋根の下、民が暮らす」という意味だ。

どんな立場の者も、家族のようにみんな一緒に生きる。
そんな世界。言い換えれば、
「ワンネス」を表していると僕は思っている。

僕がこの言葉を座右の銘として大切にしているのは、
平和を望む国民性の表れだと思うからだ。
この言葉を現実にするために、生きたいと思うからだ。

大人の役目

未来の可能性を最大化するために、
僕たちには何ができるだろう？

僕たちが今、それぞれ大切にしているものを
次の世代に継承すること。
その連続で、「未来」は創られるのかもしれない。

それは、誰も知らない世界に立ち向かっていく覚悟だとも言える。
僕は、そんな覚悟を持った仲間とつながっていきたい。

新たな出会いの中で、
次々とやりたいことは増えていくだろう。
すべては、家族や地域、国、地球の未来のために。

小さくてもいい。

大それたことでなくてもいい。
ただ、目の前のたったひとりのためでいい。

天から与えられた役割に徹して、
自らのできることをやり、前を向いて進みたい。

自分らしくいきいきとした人生を謳歌できるような
環境や教育を子供たちに残す。
これが今を生きる僕たち大人の役目だ。

気づいた大人たちから、始めていかなければならない。
その足跡は小さくても。
歴史に爪痕を残せなかったとしても。

後世に生きる誰かの人生に彩りを与え、
記憶に残れば、それでいい。

「会ってみたら、印象が違って驚きました」
「仲良くなれる気がしなかったけど、
実際はいいヤツだった」
時々、そう言われる。

パーソナルな部分は、ふだん出さないから、
直接会わない人からは
誤解されているところもあるだろう。

それも含めて「自分」だ。

僕は、僕の演じたい「了戒翔太」を生き切る。

徹底して。それだけだ。

思いは、つながる

これから独立するという、一回り年下の若者に会った。
「独立する前に読んでおいた方がいい本はありますか？」と聞かれ、
僕はとっさに「鹿児島の知覧《ちらん》特攻平和会館や、靖国神社の遊就館《ゆうしゅうかん》に行くといい」と答えた。

本ではなく、二つの場所を教えたのは、
ぜひ彼に、戦地で戦い、犠牲になった若者たちの
生き様に触れてほしいと思ったからだ。

僕が知覧を初めて訪れたのは、独立した直後のことだ。
特攻隊員が家族に残した手紙を読んで、全身に衝撃が走った。

彼らには、本当はやりたいことがたくさんあっただろう。
でもあの時代、日本の平和な未来のために散っていった彼らに、
選択肢はなかった。

青年たちは、死にたくて死んだわけじゃない。
生きたくても、生きられなかった。
そういう人たちの犠牲の上に「今」があり、
僕たちは、好きなことができている。

今僕たちには、たくさんの選択肢がある。
何にだってなれるし、何だってできる。

好きなことを謳歌して生きられなかった彼らの想いを追体験し、
「俺は今、戦っていないな」と愕然《がくぜん》とした。
「自分はどう生きようか？」と真剣に考えた。
彼らが身を投げ打って残してくれた
自由な未来に生きているのだから、
とことん好きなことを極めて、振り切って生きようと、
その時、決めた。

僕の体験を聞いていた若者の眼が、らんらんと輝き始めた。
どんな時代になっても、熱い思いは
人の心に響き、必ず伝わると感じた瞬間だった。

自分の発信するもの、すべて。

文章、音楽、ビジネス、行動や発言。

身につけている洋服や持ち物、

髪型、立ち居振る舞い……。

何一つもらすことなく、全部使って

僕の世界観を表現したい。

「了戒翔太らしい」と言われる自分でありたい。

可能性の扉は、常に開けておく

自分はこういう人間で、こういう肩書で、こういう仕事をしている……。

そうやって、イメージを固定し過ぎると新しい可能性を閉ざすことになる。

これまで経験してなかったことにチャレンジしていって初めてほんとうの自分に出会えると思うのだ。

嫉妬は、「悦」に変わる

誰かに嫉妬したり、他人をうらやましいと感じたりするのは、
そこに、あなたの素質が隠れているからだ。

どんなに一流の人を見ても、
自分がやりたいと思っていない分野なら、
嫉妬したり、うらやんだりしない。

たとえば僕は、プロのミュージシャンに嫉妬した。
絶対、俺もできると思った。
やってみたら、そこに「悦」があった。

嫉妬を感じたら、その人のやっていることを自分もやればいい。
そうすれば、悦れるはずだ。

嫉妬は、わかりやすいヒントになる。
そこにあなたの、才能や天命がある。

悦った者勝ち

僕たちは、
苦しむために生まれたわけではない。

心をふるわせて、
「俺、最高！」「私、最高！」と、
悦を極めるために、生まれてきた。

悦るとは、過去も未来も人の評価も気にせず、
今この瞬間、自分が本気で好きなことをやり、
歓喜に満ちることだ。

悦ると、自然に感謝が湧いてくる。
悦らせてもらって、ありがとう。
心からそう思える。

自分がこの上なく幸せで、
おまけに、その「悦」が
誰かを勇気づけることになる。

だから人生、悦った者勝ちだ。

僕が歌を歌うのは

僕が歌を歌うのは、
誰かを応援したいからだ。
自分で道を創っていける。
そう、伝えたいからだ。

僕自身、誰よりも応援歌が必要だったから。
心を閉ざして町を歩いている時、
ふと耳に入ってきた、たった一つのフレーズに力をもらい、
心癒され、勇気づけられたから。

歌には、特別な力がある。
言葉の力「コトダマ（言霊）」と、
音の力「オトダマ（音霊）」だ。

この二つをかけ合わせると、自分だけの色、
「シキダマ（色霊）」が生まれる。

僕は、僕のシキダマに乗せて、僕の魂を届けたい。
昔の僕のような誰かに。

太陽に向かって、志を奏でよう。

おわりに

「自己啓発」という言葉は好きではないが、昔の僕は、それらの言葉に「啓発」されて人生を変えた。同じように、この本が誰かの人生を変えるキッカケになれば、これほど嬉しいことはない。

ただ、どんな成功法則でも参考にしてもいいけれど、決して鵜呑みにせず、自分自身の成功哲学を見つけてほしいというのが、僕自身のメッセージだ。

誰かの「成功法則」が、必ずしも自分にも通用するかどうかはわからないし、大抵うまくいかないことの方が多い。

「法則」は、例外がなく森羅万象を司るものと考えられがちだが、実は「一定の条件のもとで成立するもの」だ。

言い換えれば、一定の条件を満たさない限り通用せず、生まれた環境も価値観も才能もそれぞれ違うから、条件なんて人によって大きく変わる。

つまるところ、僕たち起業家の仕事は、天つ空へ突き抜けるほど、一点の曇りもなく自信に満ち溢れた「自分だけの成功法則」を見つけて創り、育んでいくことだと思う。

だからあなたも、あなただけの成功法則を見つけていってほしい。

誰もあなたをあなた以上に扱えないし、誰も、あなたをあなた以上に支配できないのだから。

この本の言葉を、「あなた」はどう感じたのか？　そういった視点を持っていてほしい。

エバーグリーン・パブリッシング株式会社代表／スラッシャー　了戒翔太

謝辞

本書の刊行にあたって、数えきれないほど、たくさんの方からご尽力をいただきました。

本来なら、今までお世話になった方すべてのお名前を掲載したいところではありますが、残されたページの都合上、全員の名前を挙げることは断念せざるを得ません。しかし一方で、今までそれほどたくさんの方に僕は支えられてきたのかと改めて感じることができました。今まで関わってくださったすべての皆様に、この場を借りてお礼を申し上げます。誠にありがとうございました。

今回、「本を書きたい」と最初に相談させていただいたのは、版元のかざひの文庫、磐﨑文彰社長です。磐﨑社長とは、僕が独立した5年程前から、ただの「飲み友達」という間柄でした。飲み会のたびに、磐﨑社長の著者に対する誠実な在り方や、本作りに対する愛情を垣間見る瞬間があり、いつからか「あぁ、僕が本を出すなら磐﨑さんに作ってもらいたいな」と思うようになりました。

そこで、出版をお願いしたところ2度ほど断わられましたが（笑）、なんとか酒の席で口説き落とし実現にこぎ着けました。さらに、信頼しているビジネスパートナーで編集者の江藤ちふみさんに編集協力として入っていただきました。このふたりに「了戒翔太」という素材を料理していただきましたことを、心より感謝いたします。また、本書に掲載している素晴らしい写真を提供してくださったフォトグラファーの本間寛さん、カッコいい世界観で装幀と本文デザインを施してくださったデザイナーの藤崎キョーコさんからも、たくさんのアイデアをいただきありがとうございました。エバーグリーン・パブリッシング株式会社を日頃からサポートしてくれている「チームエバグリ」のみんな。秘書の田嶋樹里さん、映像クリエイターの冨和広さん、フォトグラファーの亜門龍さん、ライターの須藤愛美さん、名古屋支部広報部長の石田真紀さん、マーケティング部ライターの畑山ナナミさん、ブランドサイトプランナー兼デザイナーの渡部紗矢香さん、誠にありがとうございました。本書の推薦と応援をいただいたサンマーク出版の金子尚美編集長、KADOKAWAの編集者である伊藤直樹さん、一般社団法人ギフトジャパン代表理事の田中克成さん、イラストレーター／漫画家のふわこういちろうさん、作家／メンタルコーチのMACOさん、作家／星読みアーティストのルミナ山下さん、ドレスブランドAr・YUKIKOデザイナー／現代アーティストの西村有紀子さん、誠にありがとうございました。素晴らしい推薦文をいただいた佐々木俊尚さん、誠にありがとうございました。

母へ。健康な身体に産んでくれて愛情たっぷり育ててくれてありがとう。翔太は少しだけ立派な大人になれました。父へ。いつも友達のような感覚で飲みにつれて行ってくれて、人生で大事なことを教えてくれてありがとう。子供たちへ。これはいつまでも忘れないでいてほしい。パパはこうやって、たくさんの方の支えの中で生かされています。君たちも同じく、多くの人の支えがあって生かされているのです。この本には、「好きなこと」をやろうという言葉がたくさん出てきたけれど、「好きなこと」をやれる環境は、それを支えてくれている人たちの協力があって成り立ちます。周りの人を大切にしなさい。周りの人への感謝の心を忘れてしまわないように、常に謙虚な気持ちでいなさい。きっと、辛い時、苦しい時に、周りの人たちは助けてくれるから。生まれてきてくれて、ありがとう。そして、最愛の妻へ。不安定だった20代前半から今に至るまで、いろいろ苦労をかけましたが、ずっと、そばにいてくれてありがとう。あなたの支えがあって僕は全力で仕事ができてます。あなたの存在が僕を強くさせ、幸せにしてくれています。本当にありがとう。

SPECIAL THANKS

クラウドファンディング・奥付掲載リターンに申し込んでくださった皆様

畑山ナナミさん、田中雅子さん、平山淑子さん、KITSUNE福macoさん、Kiyo Akiyamaさん、鈴木深雪さん、よりりんさん、中田喬士さん&真由香さん、ルミナ山下さん、松野彩加さん、吉良共永さん、築山知美さん、本多智香さん、田中万結さん、福元一久さん、平岡大河さん、HIROEさん、福澤香織さん、神谷京子さん、keiko echigoさん、深代太郎さん、彌永拓志さん、DAISUKE TOTTORIさん、江藤恭子さん、山内幸子さん、Yuka Sakaiさん、大上達生さん、Fumiko Igoさん、白河三來さん、(株)桃李社 代表取締役 金子昌之さん、サリー富多さん、大磯爵歌さん、うしじまひろみさん、やまさきともみさん、野地優子さん、安食美和子さん、朝倉千恵子さん、佐々木詩菜さん、もづめゆみこさん、上田光俊さん、矢代真由美さん、野口しょうぐん恵子さん、宮治理陽さん、森彩花さん、瀬尾洋子さん、打良木文子さん、石井晶穂さん、ソガリエさん、川上貴史さん、縄田友子さん、横山えみさん、寺脇令子さん、坂本勝俊さん、マツバラテルエさん、Miuさん、上杉可奈子さん、天野使音さん、ツチヤマノリコさん、角忠憲さん、カラダうるおいクリエイター藤林源さん、天田ななこさん、岩本真樹さん、江島直子さん、(株) 縁 葉山彩子さん、木村豊さん、小田ルイさん、竹村玲奈さん、髙橋基成さん、Yokoさん、野上こうこさん、佐瑠女みかさん、渡邉陽樹さん、日下部淑美さん、七海文重さん、矢部直人さん、立川ルリ子さん、POSYさん、前田伊織さん、照井理奈さん、ヒーラーよしこさん、みなみゆきさん、市来崎真愛さん、イシダタケトさん、里奈さん、天職コンサルタント梅田幸子さん、自愛力styleレイコさん、∞結びのメッセンジャー☆絵里∞さん、及川徳子さん、奥野容子さん、白鳥瑞樹スワンさん、Katsumi♡さん、Fu Eriさん、杉真理子さん、美容鍼灸サロンSAKURAさん、STORY SHEPHERD .inc 加納翔さん、サトシさん、やわらか整体サロン「armoise」髙橋啓子さん、yumiさん、清川純子さん、有賀弘樹さん、平井美奈さん、メンタルトレーナー矢嶋美由希さん、横澤芙美子さん、ハヤシグチミサオさん、お料理びと中美恵さん、伊藤由美さん、斎藤竜哉さん、岩尾和文さん、株式会社ツナゲル(立花岳志さん・大塚あやこさん)、星野美和さん、齊藤一美さん、冨樫功さん、FUMITOさん、ゆうこさん、あつこさん、佐藤晋治さん、梅田あずささん、みーこさん、嶋田佳奈子さん、加藤孝幸さん、荒木そうこさん、藤原聖仁さん、鎌田龍馬さん、中井良尚さん、早川真弓さん、にしだちづるさん、遠藤励子さん、木下恵太さん、Hirocoさん、岡本美砂さん、岡本光姫さん、佐藤拓也さん、Tommyさん、鳥居ミコさん、前田真実さん、〜自然とつながる〜リンクナチュラル須藤昇さん、Florence Megumiさん、Gokita Yutakaさん、渡部紗矢香さん、遠藤摩莉さん、Ono Akiraさん、Yoshida Suguruさん。※順不同

最後に、本書を手に取ったあなたへ

この本から、たった一つでもいい。
本書を通じて新しいことにチャレンジしたり、
次のステージへ一歩を踏み出すキッカケを
見つけてくれるのであれば、これ以上の喜びはない。

たった一冊の本が、人生を大きく変えることだってあるんだ。
過去の僕自身がそうだったように。

PROFILE

了戒翔太（りょうかい・しょうた）

クリエイティブ・プロデューサー／出版販促プロデューサー／作家／ミュージシャン／エバーグリーン・パブリッシング株式会社 代表取締役／ギフトコミュニケーションズ株式会社 代表取締役／一般社団法人ギフトジャパン 理事

1985年東京生まれ。高校一学年を終え、家計を助けるために夜間定時制に編入。日中は寿司屋、クリーニング店でのアルバイトを掛け持ちしながら勉学に励む。卒業後はアパレル販売員を経て本田技研工業関連会社に入社。全国3000店舗のHONDA関連企業で開催されるコンサルプレゼン（QCサークル）にて2012年「最優秀賞」の全国1位を受賞。その実績から2013年、ベンチャー系マーケティング会社にヘッドハンティングされる。『ユダヤ人大富豪の教え』などで知られるミリオンセラー作家本田健氏の講演会に700名の集客に成功するなど、ビジネスセミナー不毛の地にセミナーブームを巻き起こす。同社内にて出版部門の立ち上げに参画し、出版業界に参入。2014年、独立起業し出版物の販促プロデュースを支援する専門家として、手掛けたプロデュースは累計100万部を超え、重版率7%未満と低迷している出版業界で増刷成功率は87.2%は異例。その実績から設立初年度からサンマーク出版、河出書房新社、KADOKAWAをはじめとした業界をリードする出版社からのオファーが絶えない。ライフワークとして、盟友・田中克成氏が考案した非言語コミュニケーショントランプカードゲームGIFT Ⓡを日本から世界に輸出するべく、ギフトコミュニケーションズ株式会社を2015年8月に立ち上げ代表取締役に就任。独自開発のトランプゲーム体験会は全国各地で人気を博し、設立からわずか1年で累計2000名以上を動員し、スイスやオランダでもネットを通じ話題となる。同社理念に賛同した90名のファシリテーターを有する急成長を遂げる。2016年10月、エバーグリーン・パブリッシング株式会社を設立。「活字」と「音楽」の融合を果たすべく同社で自身の所属するバンドの音源が収録された CDブック『そらのレコード』を発売。書店には流通しない独自の販路を見出し発売3カ月で1500枚を販売する。1000人規模の音楽イベントを2度成功させ、自身初のアルバムをリリースしエンターテインメント業界からも注目を浴びる。一方でeラーニング事業を開始し、スピリチュアル・自己啓発系作家のオンラインスクールをプロデュース。1年で総売上1億円以上を記録するなど、今、最も勢いのある若手経営者&ミュージションとして注目を集める。ファーストアルバム『世界観』Amazonにて発売中。2019年、新元号に合わせて初めてとなる著書『自己啓発って言いたくないけど、でも誰かを啓発する言葉』（かざひの文庫）を出版。

自己啓発《じこけいはつ》って言いたくないけど、
でも誰《だれ》かを啓発《けいはつ》する言葉《ことば》

著者　了戒翔太《りょうかいしょうた》

2019年（令和元年）6月3日　初版発行
2019年（令和元年）6月15日　2刷発行

発行者　磐崎文彰
発行所　株式会社かざひの文庫
〒110-0002　東京都台東区上野桜木2-16-21
電話／FAX 03(6322)3231
e-mail : company@kazahinobunko.com
http://www.kazahinobunko.com

発売元　太陽出版
〒113-0033　東京都文京区本郷4-1-14
電話 03(3814)0471　FAX 03(3814)2366
e-mail : info@taiyoshuppan.net
http://www.taiyoshuppan.net

印刷・製本　シナノパブリッシングプレス

編集協力　江藤ちふみ
撮影　本間 寛
装丁　BLUE DESIGN COMPANY

ISBN978-4-88469-968-0